PILNAS KŪDIKIO IR PADYLIŲ VALYMO KNYGA

100 sveikų ir paprastų geriausių tyrių, patiekalų ir patiekalų receptų laimingoms šeimoms

Bytautė Savickas

Visos teisės saugomos.

Atsisakymas

Šioje el. knygoje pateikta informacija turi būti visapusiškas strategijų, kurias šios el. knygos autorius ištyrė, rinkinys. Santraukos, strategijos, patarimai ir gudrybės yra tik autoriaus rekomendacijos, o šios el. knygos skaitymas negarantuoja, kad rezultatai tiksliai atspindės autoriaus rezultatus. Elektroninės knygos autorius dėjo visas pagrįstas pastangas, kad elektroninės knygos skaitytojams pateiktų naujausią ir tikslią informaciją. Autorius ir jo partneriai neprisiima atsakomybės už bet kokias netyčines klaidas ar praleidimus. El. knygos medžiagoje gali būti trečiųjų šalių informacijos. Trečiųjų šalių medžiagą sudaro jų savininkų nuomonė. Todėl el. knygos autorius neprisiima atsakomybės už bet kokią trečiųjų šalių medžiagą ar nuomones.

El. knygos autorių teisės priklauso © 2022, visos teisės saugomos. Draudžiama perskirstyti, kopijuoti arba kurti išvestinį darbą iš šios el. knygos visos ar jos dalies. Jokia šios ataskaitos dalis negali būti atgaminta ar perduota bet kokia forma be raštiško ir pasirašyto autoriaus leidimo.

TURINYS

TURINYS 3

ĮVADAS 8

GRŪDAI 9

    1. RYŽIŲ GRŪDAI 10

    2. AVIŽINIAI DRIBSNIAI GRŪDAI 12

    3. MIEŽIŲ GRŪDAI 15

    4. VAISINĖ RYŽIŲ KOŠĖ 17

    5. BANANŲ RYŽIŲ DUBUO 19

    6. SKANŪS PIKANTIŠKI RYŽIAI 21

    7. KŪDIKIŲ KOŠĖ 23

    8. BERŽYNO MUSLIS 25

VAISIAI 27

    9. ABRIKOSŲ TYRĖ 28

    10. MIŠRUS VAISIŲ OBUOLIŲ PADAŽAS 30

    11. BANANŲ AVOKADŲ KOŠĖ 32

    12. MANGO KUBELIAI 34

    13. PERSIKŲ KOKTEILIS 36

    14. OBUOLIŲ IR GERVUOGIŲ KVAILYS 38

    15. SLYVŲ IR VYŠNIŲ KOMPOTAS 40

    16. VAISINIS MĖSOS PYRAGAS 42

DARŽOVĖS 44

    17. MIŠRIOS DARŽOVĖS 45

    18. VAKARIENĖ VEG 47

19. Skvošo mišinys 50
20. Uogos saldžiosios bulvės 52
21. Žiedinių kopūstų košė 54
22. Cukinijų makaronai 56
23. Pomidorai ir bulvės su raudonėliais 58
24. Kreminės daržovės 60
25. Bananų rizotas 62
26. Sūrio cukinijos risotto 64
27. Baby ratatouille 66
28. Kūdikių guliašas 68
29. Žiedinių kopūstų sūris 70
30. Morkų, žiedinių kopūstų, špinatų ir sūrio tyrė 72
31. Sūris ir daržovės 74
32. Bulvių ir avokadų salotos 76
33. Obuolių kuskusas 78
34. Sviestinės makaronų formos 80
35. Žiemos vaisių salotos 82
36. Makaronai su sūriu pomidorų padažu 84
37. Sojų, cukinijų ir pomidorų makaronai 86
38. Cukinijos paštetas 88
39. Cukrinių kukurūzų rizotas 90
40. Jogurto ir varškės makaronai 92
41. Makaronai su cukinija 94

MĖSA/ŽUVIS 96

42. Pagrindinė jautienos tyrė 97
43. Pagrindinė vištienos tyrė 99

44. Pagrindinė žuvies tyrė 101
45. Omletas kūdikiui 103
46. Kreminis vištienos troškinys 105
47. Žuvies vakarienė 107
48. Kepenų vakarienė 109
49. Lengvas vištienos ir bananų patiekalas 111
50. Ėriena su perlinėmis kruopomis 113
51. Abrikosų vištiena 115
52. Pikantiškas vištienos troškinys 117
53. Tuno padažas 119
54. Vištienos ir kriaušių tyrė 121
55. Vištienos ir riešutmedžio moliūgų košė 123
56. Vištiena su cukriniais kukurūzais ir kriaušėmis 125
57. Jautienos troškinys su morkų tyre 127
58. Kepta vištiena ir daržovių troškinys 129
59. Turkijos ir abrikosų mėsainiai 131
60. Skanus vištienos kuskusas 133
61. Vaikiški kotletai padaže 135

SRIUBA 137

62. Vištienos sriuba 138
63. Daržovių jautienos sriuba 140
64. Moliūgų sriuba 143
65. Butternut moliūgų sriuba 145
66. Kiaušinių lašų sriuba 147
67. Šparagų sriuba 149
68. Kūdikių barščiai (burokėlių sriuba) 151

69. Obuolių ir saldžiųjų bulvių sriuba 153

70. Šakniavaisių ir avinžirnių sriuba 155

71. Paprastas minestronas 157

PURĖ 159

72. Špinatų ir bulvių tyrė 160

73. Cukinijų ir bulvių tyrė 162

74. Morkų ir bulvių tyrė 164

75. Morkų ir pastarnokų tyrė 166

76. Kriaušių ir saldžiųjų bulvių tyrė 168

77. Greita bananų persikų tyrė 170

78. Saldžiųjų bulvių ir avokadų tyrė 172

79. Baklažanų tyrė 174

80. Agurkų ir žolelių tyrė 176

81. Morkų ir obuolių tyrė 178

82. Morkų ir abrikosų tyrė 180

83. Šakninių daržovių tyrė 182

84. Kantalupos melionų ir mangų kūdikių maisto tyrė 184

85. Morkų ir mangų tyrė 186

86. Švedų ir saldžiųjų bulvių tyrė 188

87. Saldžiųjų bulvių, špinatų ir šparaginių pupelių tyrė 190

88. Baltos žuvies ir padažo tyrė 192

89. Bananų ir avokadų tyrė 194

90. Mangų ir mėlynių tyrė 196

91. Saldžiųjų bulvių ir melionų košė 198

92. Kreminė sviesto moliūgų tyrė 200

93. Žiedinių kopūstų ir saldžiųjų bulvių tyrė 202

94. LIKUSIOS KALAKUTIENOS IR BULVIŲ TYRĖS 204

95. MENKĖS IR RYŽIŲ TYRĖ 206

96. RAUDONŲJŲ LĘŠIŲ TYRELĖ 208

97. ŽALIEJI ŽIRNELIAI SU MĖTŲ TYRELE 210

98. SALDŽIŲJŲ IR BALTŲJŲ BULVIŲ KOŠĖ 212

99. SKVOŠO IR KRIAUŠIŲ KOŠĖ 214

100. „POPEYE" TYRELĖ 216

IŠVADA 218

ĮVADAS

Tai jaudinantis pirmasis žingsnis, kai jūsų mažylis pradeda prisijungti prie puikių patiekalų ir egzotiškų skonių pasaulio. Vieną dieną jūsų džiaugsmas bus mėgavimasis pica su draugais po pamokų, krabų kojos ir sumuštiniai jų mėgstamame restorane bei puikus vynas su antrąja puse. Tačiau pirmiausia jie turi įveikti kūdikių maisto pagrindus – ir jūs taip pat!

Vaiko perkėlimas nuo skysto motinos pieno ar mišinio prie kietesnio maisto ne visada yra taip paprasta, kaip gali atrodyti. Daugeliui mamų kūdikio maitinimas yra viena iš bauginančių ir sudėtingiausių pirmųjų metų užduočių. Tačiau naudodamiesi šiuo lengvai suprantamu vadovu galite išmokyti savo kūdikį valgyti užtikrintai ir įgudę. Turėdami reikiamas žinias sumažinsite galvos skausmą ir užtikrinsite, kad jūsų kūdikis greitai, efektyviai ir kuo maloniau lavintų valgymo įgūdžius.

GRŪDAI

1. Ryžių grūdai

Ingridientai
- ¼ puodelio ryžių miltelių
- 1 puodelis vandens

Kryptys
a) Vandenį užvirinkite.
b) Maišydami suberkite ryžių miltelius.
c) Virkite apie 10 minučių, nuolat maišydami.

2. Avižiniai dribsniai Grūdai

Ingridientai
- ¼ puodelio maltų, plieno būdu pjaustytų avižų
- ¾ puodelio iki 1 puodelio vandens

Kryptys
a) Vandenį užvirinkite.
b) Maišydami suberiame maltas avižas.
c) Troškinkite 1520 minučių, dažnai maišydami.
d) Patarimas: nors iš plieno pjaustytos avižos verdamos ilgiau, jos išlaiko daugiau maistinių medžiagų nei greitai paruošiamos arba greitai paruošiamos avižos.

3. Miežių grūdai

Ingridientai
- ¼ puodelio maltų miežių
- 1 puodelis vandens

Kryptys
a) Vandenį užvirinkite.
b) Maišydami suberkite miežius.
c) Virkite 10 minučių, nuolat maišydami.

4. Vaisinė ryžių košė

Ingridientai
- ½ puodelio ryžių grūdų
- ½ puodelio obuolių padažo
- ¼ puodelio baltųjų vynuogių sulčių

Kryptys
a) Vidutinėje keptuvėje sumaišykite ryžių košę ir baltųjų vynuogių sultis
b) Kaitinkite lėtai, nuolat maišydami; neleisti užvirti
c) Įmaišykite obuolių padažą

5. Bananų ryžių dubuo

Ingridientai
- ½ puodelio ryžių grūdų
- 1 prinokęs bananas

Kryptys
a) Bananą sutrinkite šakute
b) Ryžių dribsnius sutrinkite į bananą
c) Maišykite iki vientisos, tolygios konsistencijos

6. Skanūs pikantiški ryžiai

Porcijos: 6-8

Ingridientai
- 40 g svogūnų, susmulkintų
- 100 g basmati ryžių
- 450 ml verdančio vandens
- 140 g moliūgų
- 50 g kietojo sūrio, pavyzdžiui, čederio arba Monterey Jack
- 23 pjaustytų pomidorų
- augalinis aliejus kepimui

Kryptys
a) Svogūną pakepinkite trupučiu aliejaus, kol suminkštės. Įmaišykite basmati ryžius ir užpilkite verdančiu vandeniu. Uždenkite ir troškinkite 8 minutes.
b) Įmaišykite moliūgą, uždenkite ir virkite dar apie 12 minučių ant silpnos ugnies, maišydami, kol susigers vanduo. Virimo metu 2 minutes pakepinkite pjaustytus pomidorus, įmaišykite sūrį ir prieš patiekdami šakute grubiai sumaišykite du mišinius.

7. Kūdikių košė

Porcijos: 2-3

Ingridientai
- 1 obuolys, nuluptas ir be šerdies
- 1 bananas, nuluptas
- 6 valgomieji šaukštai kūdikių pieno arba karvės pieno
- 1 Valgomasis šaukštas avižų

Kryptys
a) Obuolį ir bananą supjaustykite į 4 dalis. Tada sudėkite obuolį į keptuvę su trupučiu verdančio vandens ir troškinkite 5 minutes, kol suminkštės. Nusausinkite ir leiskite atvėsti. Atvėsusį obuolį ir bananą sudėkite į stiklinę ir rankiniu kombainu sutrinkite iki vientisos konsistencijos.

b) Tuo tarpu pieną ir avižas supilkite į keptuvę ir švelniai pašildykite, kol užvirs ir sutirštės. Leiskite atvėsti, tada rankiniu kombainu sumaišykite su obuoliu ir bananu.

8. Beržyno muslis

Porcijos: 3-4

Ingridientai
- 2 valgomieji šaukštai avižų
- 3 valgomieji šaukštai riebaus karvės pieno
- 3 šaukštai vandens
- 1 valgomasis šaukštas jogurto
- 100 g džiovintų vaisių
- 1 maža kriaušė

Kryptys
a) Sumaišykite visus ingredientus, išskyrus kriaušes, uždenkite ir laikykite šaldytuve per naktį. Prieš patiekdami sutarkuokite kriaušę ir įmaišykite į avižų mišinį.
b) Patiekite šaltą vasarą arba švelniai pašildykite šiltiems žiemos pusryčiams.

VAISIAI

9. Abrikosų tyrė

Ingridientai
- 1 puodelis kapotų abrikosų
- 1 puodelis obuolių sulčių, baltųjų vynuogių sulčių arba vandens

Kryptys
a) Mažame-vidutiniame puode užvirkite vaisius ir skystį.
b) Troškinkite 810 minučių
c) Supilkite mišinį į maišytuvą; išsaugokite likusį skystį.
d) Mišiniui sutrinkite trintuvu. Supilkite likusį skystį, kol pasieksite norimą konsistenciją.

10. Mišrus vaisių obuolių padažas

Ingridientai
- 1 puodelis nuluptų obuolių gabalėlių
- ½ puodelio jūsų pasirinktų vaisių
- 1 ½ stiklinės vandens

Kryptys
a) Į vidutinį puodą įpilkite vaisių ir vandens.
b) Virkite, kol vaisiai suminkštės.
c) Nusausinkite, išsaugokite likusį skystį.
d) Vaisių mišinį sutrinkite šakute arba bulvių grūstuve.
e) Sudėkite mišinį į trintuvą arba virtuvinį kombainą ir sutrinkite.
f) Supilkite likusį skystį, kol pasieksite norimą konsistenciją.

11. Bananų avokadų košė

Ingridientai
- 1 prinokęs bananas
- 1 prinokęs avokadas

Kryptys
a) Bananą nulupkite ir sudėkite į dubenį.
b) Avokadą nulupkite, išimkite sėklas ir supjaustykite gabalėliais. Pridėti į dubenį.
c) Bananą ir avokadą sutrinkite šakute, kol pasieksite norimą konsistenciją.

12. Mango kubeliai

Ingridientai
- 1 prinokęs mangas

Kryptys
a) Nulupkite mangą ir pašalinkite sėklas
b) Vaisius supjaustykite kūdikio dydžio gabalėliais
c) Užšaldyti

13. Persikų kokteilis

Ingridientai
- 1 prinokęs persikas
- 2 valgomieji šaukštai motinos pieno arba mišinio

Kryptys
a) Garinkite persiką, kol suminkštės
b) Nuimkite odą ir duobutę
c) Kai atvės, sutrinkite vaisius trintuvu arba virtuviniu kombainu
d) Įpilkite motinos pieno arba mišinio, kol pasieksite norimą konsistenciją

14. Obuolių ir gervuogių kvailys

Porcijos: 3-4

Ingridientai
- Vienas obuolys (apie 100 g), nuluptas, nuluptas ir susmulkintas
- 50 g gervuogių
- 150 g riebaus jogurto

Kryptys
a) Susmulkintą obuolį kartu su nuplautomis gervuogėmis kepkite 5 minutes. Rankiniu kombainu ištrinkite su trupučiu vandens.
b) Prieš patiekdami leiskite atvėsti ir sumaišykite su jogurtu.

15. Slyvų ir vyšnių kompotas

Porcijos: nuo 1 iki 2 arbatinių šaukštelių

Ingridientai
- 250 ml vandens
- 60 g džiovintų abrikosų, susmulkintų
- 25 g šviesiai rudojo cukraus
- 1/2 arbatinio šaukštelio susmulkintos citrinos žievelės
- žiupsnelis cinamono
- 60 g slyvų be kauliukų, perpjautų per pusę
- 30 g džiovintų vyšnių
- ½ arbatinio šaukštelio vanilės esencijos

Kryptys
a) Didelėje, storadugnėje keptuvėje įkaitinkite vandenį ir ant stiprios ugnies užvirinkite abrikosus, rudąjį cukrų, citrinos žievelę ir cinamoną. Sumažinkite ugnį ir troškinkite neuždengę 5 minutes. Supilkite mišinį į didelį dubenį; įmaišykite džiovintas slyvas, džiovintas vyšnias ir vanilę. Sumaišykite rankiniu kombainu ir patiekite kambario
b) temperatūroje.

16. Vaisinis mėsos pyragas

Padaro apytiksliai. 300g

Ingridientai
- 150 g maltos jautienos,
- 50 g svogūnų, supjaustytų ketvirčiais
- 30 g sultonų
- 1 valgomasis obuolys, nuluptas, nuluptas ir supjaustytas kubeliais
- 1 valgomasis šaukštas pomidorų tyrės
- 2 šaukštai naminio (ar kitokios be druskos) jautienos sultinio
- 100 g virtų, trintų bulvių
- 150 ml verdančio vandens

Kryptys
a) Įkaitinkite orkaitę iki 180°C. Orkaitei atspariame inde sumaišykite jautieną, svogūnus, sultonus ir obuolius. Rankiniu kombainu sumaišykite pomidorų tyrę su sultiniu ir supilkite į jautienos mišinį.

b) Uždenkite ir virkite 30 minučių. Ant mėsos mišinio viršaus uždėkite šaukštą bulvių košės.

DARŽOVĖS

17. Mišrios daržovės

Ingridientai
- ½ puodelio supjaustytų morkų
- ½ stiklinės susmulkintų pastarnokų, nuluptų
- ½ puodelio šaldytų žirnelių

Kryptys
a) Garinkite morkas, žirnius ir pastarnokus, kol suminkštės
b) Nusausinkite
c) Sutrinkite trintuvu arba virtuviniu kombainu, papildomai įpildami vandens, kol pasieksite norimą konsistenciją

18. Vakarienė Veg

Ingridientai
- ½ puodelio šaldytų šparaginių pupelių
- 1 nulupta, kubeliais pjaustyta bulvė
- ½ puodelio cukinijų
- ¼ puodelio kapotų morkų

Kryptys
a) Sudėkite visas daržoves į vidutinį puodą; uždenkite vandeniu ½ colio virš daržovių paviršiaus.
b) Virkite, kol suminkštės
c) Sutrinkite šakute arba sutrinkite trintuvu arba virtuviniu kombainu

19. Skvošo mišinys

Ingridientai
- ½ puodelio kapotų cukinijų
- ½ puodelio kapotų vasarinių moliūgų
- ½ puodelio nuluptų, pjaustytų saldžiųjų bulvių
- 1 valgomasis šaukštas susmulkinto svogūno

Kryptys
a) Sudėkite daržoves į vidutinį puodą; užpilkite vandeniu iki ½ colio virš daržovių
b) Troškinkite, kol suminkštės
c) Sutrinkite arba trinkite, kol mišinys pasieks norimą konsistenciją

20. Uogos saldžiosios bulvės

Ingridientai
- 1 saldžioji bulvė, nulupta ir supjaustyta kubeliais
- ½ puodelio šaldytų sumaišytų uogų, atšildytų

Kryptys
a) Garinkite saldžiųjų bulvių kubelius, kol suminkštės
b) Nusausinkite, sudėkite į virtuvinį kombainą arba trintuvą
c) Sudėkite atšildytas uogas
d) Sutrinkite iki norimos konsistencijos

21. Žiedinių kopūstų košė

Ingridientai
- 1 puodelis kapotų žiedinių kopūstų
- 1 puodelis šaldytų žirnelių
- 1 puodelis keptos moliūgų mėsos

Kryptys

a) Šaldytus žirnelius ir susmulkintus žiedinius kopūstus išvirti garuose, kol suminkštės
b) Į virtuvinį kombainą arba trintuvą suberkite žirnelius, žiedinius kopūstus ir moliūgus
c) Sutrinkite iki norimos konsistencijos

22. Cukinijų makaronai

Porcijos: 2-3

Ingridientai
- 50 g virtų mažų formelių makaronų
- 1 vidutinė cukinija, supjaustyta
- 1 arbatinis šaukštelis česnako
- šlakelis augalinio ar alyvuogių aliejaus
- 25 g tarkuoto sūrio

Kryptys
a) Cukinijas troškinkite apie 3 minutes (kol suminkštės). Įpilkite šiek tiek aliejaus ir rankiniu kombainu ištrinkite iki tirštos konsistencijos, tada įmaišykite laiškinius česnakus.
b) Cukinijas užpilkite ant šiltų makaronų. Jei norite, įdėkite šiek tiek tarkuoto sūrio.

23. Pomidorai ir bulvės su raudonėliais

Porcijos: 6

Ingridientai
- 125 g bulvių, nuluptų ir supjaustytų
- 100 g žiedinių kopūstų mažais žiedynais
- 30 g sviesto
- 200 g konservuotų pomidorų
- žiupsnelis raudonėlio
- 35 g tarkuoto dvigubo Glosterio sūrio

Kryptys
a) Bulvę sudėkite į puodą su verdančiu vandeniu, sumažinkite ugnį ir troškinkite 7 minutes, tada suberkite žiedinių kopūstų žiedynus ir troškinkite, kol visos daržovės suminkštės. Nusausinkite, tada sudėkite pomidorus ir kitus ingredientus.
b) Sumaišykite iki tekstūruotos konsistencijos naudodami rankinį procesorius.

24. Kreminės daržovės

Porcijos: 2-3

Ingridientai
- 1 nedidelė morka nulupta ir susmulkinta
- 1 nedidelė cukinija susmulkinta
- 2 brokolių žiedynai
- 2 šaukštai riebaus pieno
- 1 valgomasis šaukštas kūdikių ryžių

Kryptys
a) Daržoves troškinkite, kol jos suminkštės, tai užtruks 6 minutes. Tuo tarpu pašildykite pieną ir paruoškite kūdikių ryžius pagal gamintojo instrukcijas. Daržoves nusausinkite ir leiskite šiek tiek atvėsti.

b) Dabar sudėkite daržoves į stiklinę, tada rankiniu kombainu pridėkite kūdikių ryžių ir tyrės iki vientisos konsistencijos.

25. Bananų rizotas

Porcijos: 10

Ingridientai
- 225 g rizoto ryžių
- 50 g margarino
- 50 g svogūnų, supjaustytų ketvirčiais ir susmulkintų
- 30 g miltų
- 550 ml pieno
- 30 g parmezano sūrio
- 450 g ne per prinokusių bananų

Kryptys
a) Ryžius pavirti verdančiame vandenyje, kol suminkštės (apie 15 min.). Tuo tarpu susmulkinkite svogūną ir švelniai pakepinkite, kol suminkštės trupučiu margarino. Virtą svogūną įmaišykite į virtus ryžius.
b) Atskiroje keptuvėje ištirpinkite likusį margariną ir įmaišykite miltus. Lėtai supilkite pieną, nuolat maišydami.
c) Užvirinkite ir troškinkite 1 minutę. Suberkite sūrį ir maišykite, kol ištirps. Nulupkite ir supjaustykite bananus ir sumaišykite su ryžių mišiniu.
d) Visus ingredientus trumpai sumaišykite rankiniu kombainu.

26. Sūrio cukinijos risotto

Porcijos: 3-4

Ingridientai
- 2 šaukštai alyvuogių aliejaus
- 50 g rizoto ryžių
- 100 ml karšto vandens arba nesūdyto daržovių sultinio
- 80 g cukinijos, supjaustytos gabalėliais
- 20 g kieto sūrio smulkiai supjaustyto

Kryptys
a) Į keptuvę supilkite ryžius į aliejų ir išmaišykite, kad apsemtų grūdus. Užpildykite ryžius karštu vandeniu, išmaišykite ir virkite 12 minučių, jei reikia, įpilkite daugiau vandens / sultinio. Tada sudėkite cukiniją ir gerai išmaišykite.
b) Virkite dar 5 minutes. Kai ryžiai labai suminkštės, suberkite sūrį ir išmaišykite. Sutrinkite tyrelę rankiniu procesoriumi.

27. Baby ratatouille

Porcijos: 4

Ingridientai
- 1 arbatinis šaukštelis alyvuogių aliejaus
- 40 g svogūno, supjaustyto ketvirčiais ir smulkiai supjaustyto
- 40 g kubeliais supjaustytos cukinijos
- 1 nedidelė raudonoji paprika, išskobta ir supjaustyta kubeliais
- 4 pomidorai, nulupti ir be sėklų (arba pusė skardinės pjaustytų pomidorų)

Kryptys

a) Keptuvėje įkaitinkite aliejų ir pakepinkite svogūną, kol suminkštės, tada sudėkite kitas daržoves. Vieną kartą išmaišykite, tada uždenkite ir sumažinkite šilumą.

b) Leiskite virti, kol daržovės suminkštės. Leiskite šiek tiek atvėsti, tada rankiniu kombainu ištrinkite keptuvėje. Patiekite su bulvių tyrele.

28. Kūdikių guliašas

Porcijos: 3-4

Ingridientai
1. 50 g maltos jautienos
2. 68 grybai, supjaustyti
3. 150 ml paprasto išauginto frais
4. 1 valgomasis šaukštas kečupo

Kryptys
a) Didelėje keptuvėje apkepkite maltą jautieną ir nupilkite riebalų perteklių. Toje pačioje keptuvėje sumaišykite visus kitus ingredientus, nuolat maišydami.
b) Troškinkite 15 minučių, tada leiskite atvėsti. Sutrinkite tyrę keptuvėje rankiniu kombainu.
c) Patiekite su tiršta bulvių koše.

29. Žiedinių kopūstų sūris

Porcijos: 3-4

Ingridientai
- 200 g žiedinių kopūstų, nuplauti
- 20 g sviesto
- 2 arbatiniai šaukšteliai paprastų miltų
- 200 ml pieno
- 40 g tarkuoto vidutinio kietumo sūrio, tokio kaip čederis, gruyere arba gouda

Kryptys
a) Žiedinius kopūstus padalinkite į mažus žiedynus ir troškinkite 10 12 minučių. Tuo tarpu paruoškite padažą mažoje keptuvėje ištirpdydami sviestą, įmaišykite miltus, kad susidarytų vientisa pasta, supilkite pieną ir maišykite, kol sutirštės. Nuimkite keptuvę nuo ugnies ir įmaišykite tarkuotą sūrį.
b) Į keptuvę rankiniu kombainu sudėkite žiedinius kopūstus ir tyrę.

30. Morkų, žiedinių kopūstų, špinatų ir sūrio tyrė

Porcijos: 2-3

Ingridientai
- 1 didelė morka, nulupta ir supjaustyta dideliais gabalėliais
- 50 g žiedinių kopūstų (supjaustytų mažais gabalėliais)
- 1/3 skardos pjaustytų pomidorų
- 30 g tarkuoto kietojo sūrio, pavyzdžiui, parmezano
- 50 g kūdikių špinatų lapelių

Kryptys

a) Garinkite morkas ir žiedinius kopūstus, kol suminkštės. Padėkite į vieną pusę, kad šiek tiek atvėstų. Tuo tarpu kitoje keptuvėje pakaitinkite konservuotus pomidorus ir visiškai įkaitinus įmaišykite sūrį.

b) Kai sūris išsilydys, suberkite špinatus ir virkite maišydami, kol suminkštės.

31. Sūris ir daržovės

Porcijos: 68 | Padaro apytiksliai. 450g | Virimo laikas: 20 minučių

Ingridientai
- 250 g bulvių, nuluptų ir supjaustytų mažais kubeliais
- 50 g saldžiųjų bulvių, nuluptų ir susmulkintų
- 25 g nesūdyto sviesto
- ½ mažo poro, smulkiai pjaustytų
- 1 valgomasis šaukštas miltų
- 100 ml pieno
- 50 g tarkuoto sūrio

Kryptys
a) Bulves ir saldžiąsias bulves puode užpilkite verdančiu vandeniu ir troškinkite, kol suminkštės (apie 1015 min.). Išimkite pusę bulvių ir atidėkite į šalį, o likusias bulves ir virimo vandenį keptuvėje sutrinkite rankiniu kombainu.
b) Puode ištirpinkite sviestą ir pakepinkite porą, kol suminkštės.
c) Įmaišykite miltus, tada lėtai supilkite pieną, visą laiką maišydami. Ištrintas daržoves, virtas bulvių kubelius ir sūrį įmaišykite į padažą ir patiekite, kai pakankamai atvės, kad
d) galėtumėte valgyti.

32. Bulvių ir avokadų salotos

Porcijos: 5-6

Ingridientai
- 1 didelė bulvė, nulupta ir supjaustyta mažais kubeliais
- 1 avokadas, nuluptas ir pašalintas kauliukas
- 1 valgomasis šaukštas graikiško jogurto

Kryptys
a) Virkite bulves, kol suminkštės (apie 10-15 minučių). Sumaišykite avokadą rankiniu kombainu ir įmaišykite jogurtą. Dar šiltą sudėkite virtas bulves į avokadą ir jogurtą.
b) Patiekite šiltą arba atšaldykite ir patiekite atvėsusį.

33. Obuolių kuskusas

Porcijos: 4

Ingridientai
- 100 g kuskuso, 5 minutėms mirkyti šiltose obuolių sultyse
- 2 šaukštai natūralaus jogurto
- 50 g virtų obuolių

Kryptys
a) Visus ingredientus sumaišykite stiklinėje ir 5-10 sekundžių plakite rankiniu kombainu.

34. Sviestinės makaronų formos

Porcijos: 4

Ingridientai
- 100 g mažų makaronų formelių
- 100 g virtų moliūgų
- nesaldintų obuolių sulčių

Kryptys
a) Makaronus virkite 10-15 minučių. Kol makaronai verda, sumaišykite moliūgą su trupučiu obuolių sulčių, kad susidarytų padažas.
b) Patiekite šiltu padažu ir užpilkite ant išvirtų makaronų.

35. Žiemos vaisių salotos

Porcijos: 8

Ingridientai
- 500 g džiovintų vaisių (slyvų, kriaušių, abrikosų, figų)
- 600 ml vandens
- 2 lašai vanilės esencijos
- 1 valgomasis šaukštas šviežių citrinų sulčių
- Jogurtas, patiekimui

Kryptys
a) Sudėkite vaisius ir vandenį į didelį puodą. Įpilkite vanilės esencijos. Užvirinkite, tada gerai išmaišykite, sumažinkite ugnį ir virkite 10 minučių, kol pasidarys sirupas. Nukelkite keptuvę nuo ugnies, tada, kai šiek tiek atvės, supilkite vaisius ir skystį į dubenį ir įspauskite šiek tiek citrinos sulčių. Švelniai ištrinkite rankiniu procesoriumi. Galima patiekti
b) šiltą arba atšaldytą, ant viršaus uždėjus šlakelį jogurto.
c) Kitiems šeimos nariams patiks šios šildančios žiemos vaisių salotos. Galite pasaldinti šiek tiek medaus arba rudojo cukraus ir praleisti tyrės etapą.

36. Makaronai su sūriu pomidorų padažu

Porcijos: 2

Ingridientai

- 1 arbatinis šaukštelis alyvuogių aliejaus
- 50 g svogūno, supjaustyto ketvirčiais ir smulkiai
- 80 g morkų, nuluptų, supjaustytų gabalėliais ir smulkiai
- 1 lauro lapas
- 150 g pjaustytų pomidorų
- 2 arbatiniai šaukšteliai tarkuoto čederio arba parmezano
- 1 valgomasis šaukštas mažų makaronų formelių

Kryptys

a) Nedidelėje keptuvėje įkaitinkite aliejų. Lengvai pakepinkite svogūną ir morką, kol suminkštės, tada pusę mišinio atidėkite į šalį. Į likusią dalį sudėkite lauro lapą ir pjaustytus pomidorus.

b) Uždenkite ir troškinkite 10 minučių, retkarčiais pamaišydami. Nukelkite nuo ugnies, suberkite sūrį ir išmaišykite. Išvirkite ir nusausinkite makaronus.

c) Iš padažo išimkite lauro lapą, tada sutrinkite rankiniu kombainu. Suberkite nuvarvintus makaronus ir anksčiau atidėtas daržoves, išmaišykite ir patiekite.

37. Sojų, cukinijų ir pomidorų makaronai

Porcijos: 3

Ingridientai
- 1 arbatinis šaukštelis augalinio aliejaus
- 40 g svogūno, supjaustyto ketvirčiais ir smulkiai supjaustyto priedo
- 40 g cukinijos supjaustytos gabalėliais
- 50 g sojų faršo
- 200 g konservuotų pjaustytų pomidorų
- 1 valgomasis šaukštas šviežių nesaldintų obuolių sulčių
- šviežių baziliko lapelių, susmulkintų
- 35 g džiovintų makaronų

Kryptys
a) Į keptuvę ant vidutinės ugnies sudėkite augalinį aliejų, suberkite svogūną ir kepkite, kol suminkštės. Sudėkite cukinijas ir kepkite, kol suminkštės. Įmaišykite sojų faršą ir toliau kepkite, kol karšta ir tolygiai paruduos. Sudėkite pomidorus ir leiskite troškintis 5 minutes. Supilkite obuolių sultis ir šviežią baziliką ir virkite dar 5 minutes, kol padažas sutirštės.
b) Tuo tarpu išvirkite makaronus. Kai padažas bus paruoštas, palaikykite, kol šiek tiek atvės, tada rankiniu kombainu išmaišykite keptuvėje, kad gautumėte vientisą pomidorų padažą.
c) Sudėkite išvirtus makaronus ir sutrinkite iki lengvai virškinamos konsistencijos.

38. Cukinijos paštetas

Porcijos: 4

Ingridientai
- 2 vidutinės cukinijos, supjaustytos gabalėliais
- 75 g grietinėlės sūrio
- Mažas žiupsnelis paprikos
- Žiupsnelis šviežių krapų

Kryptys
a) Garinkite cukinijas, kol suminkštės (6 8 min.), tada sutrinkite jas stiklinėje rankiniu kombainu ir palikite atvėsti.
b) Įmaišykite grietinėlės sūrį, pridėkite žolelių, tada patiekite. Patiekite su skrebučio gabalėliais.

39. Cukrinių kukurūzų rizotas

Porcijos: 4

Ingridientai
- 1 vidutinio dydžio svogūnas, supjaustytas
- sauja šaldytų saldžiųjų kukurūzų
- 125 g ryžių
- 50 g parmezano sūrio susmulkinkite, tada smulkiai sutarkuokite
- 500 ml be druskos daržovių arba vištienos sultinio
- 1 valgomasis šaukštas augalinio aliejaus

Kryptys

a) Svogūną suminkštinkite aliejuje, suberkite ryžius ir kaitinkite 2 minutes, kol ryžiai gerai pasidengs aliejumi.

b) Reguliariai maišydami lėtai supilkite 15 minučių, kol ryžiai taps minkšti ir lipnūs. Po 7 minučių suberkite kukurūzus.

c) Kai ryžiai ir cukriniai kukurūzai bus gerai išvirti, suberkite parmezaną ir gerai išmaišykite.

40. Jogurto ir varškės makaronai

Porcijos: 4

Ingridientai
- 120 g makaronų
- 100 ml natūralaus jogurto
- 100 g varškės
- 60 g svogūnų, susmulkintų
- 1/2 česnako skiltelės, susmulkintos
- 2 arbatiniai šaukšteliai šviežio raudonėlio, susmulkinto
- 1 Valgomojo šaukštelio sviesto

Kryptys

a) Išvirkite makaronus pagal gamintojo instrukcijas, tada nusausinkite ir palikite į vieną pusę.

b) Tada rankiniu kombainu sumaišykite kitus ingredientus, išskyrus sviestą ir tyrę. Švelniai pakaitinkite mišinį, tada į makaronus įmaišykite sviestą, supilkite makaronus su jogurto mišiniu ir patiekite.

41. Makaronai su cukinija

Porcijos: 6

Ingridientai
- sauja pušies riešutų
- 250 g įdaryti tortellini
- 50 g sviesto
- 160 g cukinijos supjaustytos gabalėliais
- 1 česnako skiltelė, susmulkinta
- citrinos išspaudimas
- 23 baziliko lapeliai

Kryptys
a) Pušies riešutus lengvai paskrudinkite sausoje keptuvėje ant nedidelės ugnies iki šviesiai rudos spalvos – saugokitės, jie lengvai pridega! Tada grūstuve ir grūstuve smulkiai sutrinkite pušies riešutus.
b) Išvirkite tortellini pagal gamintojo instrukcijas, tada nusausinkite. Cukiniją ir česnaką pakepinkite svieste apie 2 minutes, kol kūdikis suminkštės, tada įdėkite citrinos įspaudą. Sudėkite virtus tortellini ir gerai išmaišykite.

MĖSA/ŽUVIS

42. Pagrindinė jautienos tyrė

Ingridientai
- 1 puodelis kubeliais pjaustytos, virtos jautienos
- ½ puodelio vandens

Kryptys
a) Sudėkite jautieną į virtuvinį kombainą arba trintuvą ir sukurkite smulkią tyrę
b) Tęskite tyrę, kol pasieksite norimą konsistenciją

43. Pagrindinė vištienos tyrė

Ingridientai
- 1 puodelis kubeliais pjaustytos virtos vištienos krūtinėlės
- ½ puodelio mažai natrio turinčio vištienos sultinio

Kryptys
a) Sudėkite jautieną į virtuvinį kombainą arba trintuvą ir sukurkite smulkią tyrę
b) Tęskite tyrę, pildami sultinį, kol pasieksite norimą konsistenciją

44. Pagrindinė žuvies tyrė

Ingridientai
- 1 puodelis virtos baltos žuvies be kaulų
- ¼ puodelio vandens

Kryptys
a) Sudėkite žuvį į virtuvinį kombainą arba trintuvą
b) Sutrinkite iki norimos konsistencijos, prireikus įpilkite vandens

45. Omletas kūdikiui

Ingridientai
- 1 Kiaušinio trynys
- $\frac{1}{4}$ puodelio pieno
- $\frac{1}{4}$ puodelio susmulkinto čederio sūrio
- $\frac{1}{4}$ puodelio tyrės morkos

Kryptys
a) Sumaišykite ingredientus dubenyje
b) Gerai išmaišykite
c) Pridėti į keptuvę
d) Plakti, kol nebebus skysta

46. Kreminis vištienos troškinys

Ingridientai

- 1 pjaustyta vištienos krūtinėlė
- 1 nulupta ir susmulkinta bulvė
- ½ puodelio kapotų morkų
- ½ puodelio kapotų vasarinių moliūgų
- ½ puodelio jogurto

Kryptys

a) Puode sumaišykite vištieną, daržoves ir prieskonius
b) Uždenkite vandeniu ir užvirinkite.
c) Sumažinkite ugnį, uždenkite ir troškinkite 30-45 minutes arba kol vištiena visiškai iškeps, o daržovės suminkštės.
d) Leiskite atvėsti
e) Sudėkite vištieną ir daržoves į virtuvinį kombainą arba trintuvą ir sutrinkite iki norimos konsistencijos, prireikus įpilkite skysčio.
f) Supilkite jogurtą, toliau trinkite iki norimos konsistencijos

47. Žuvies vakarienė

Porcijos: 2

Ingridientai
- 25 g virtos baltos žuvies (filė)
- 1 valgomasis šaukštas virtų morkų
- 1 Valgomojo šaukštelio virtos bulvės
- 1 valgomasis šaukštas pieno
- mažas gabalėlis sviesto

Kryptys

a) Morkas ir bulves supjaustykite kubeliais ir supilkite į puodą su verdančiu vandeniu. Uždenkite ir troškinkite. Po 7 minučių žuvį pakepinkite trupučiu pieno arba vandens, kol iškeps.

b) Nukelkite visus ingredientus nuo ugnies, nusausinkite ir leiskite atvėsti. Sudėkite visus ingredientus į keptuvę ir sutrinkite rankiniu kombainu.

48. Kepenų vakarienė

Porcijos: 4-5

Ingridientai
- 25 g ėriuko kepenėlių
- 1 valgomasis šaukštas virtų špinatų arba kopūstų
- 1 Valgomojo šaukštelio virtos bulvės
- 3 valgomieji šaukštai sultinio

Kryptys

a) kepkite šiek tiek aliejaus apie 10 minučių arba kol iškeps. Tuo tarpu bulves sudėkite į puodą su verdančiu vandeniu ir virkite apie 7 minutes. Sudėkite kopūstą ir kepkite dar 6 minutes.

b) Nusausinkite daržoves, sudėkite visus ingredientus į dubenį ir rankiniu kombainu ištrinkite iki vientisos masės, įpildami padažo arba sultinio, kad mišinys suminkštėtų.

49. Lengvas vištienos ir bananų patiekalas

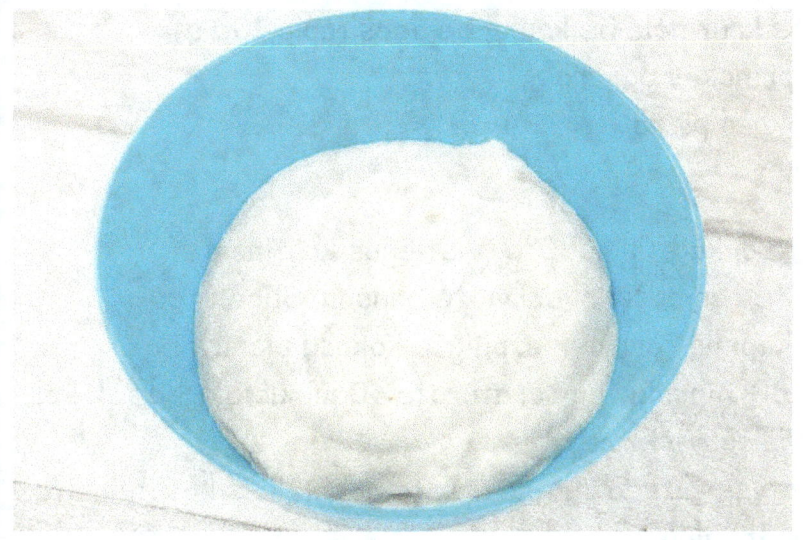

Porcijos: 6

Ingridientai
- 1 vištienos krūtinėlė be kaulų, be odos (apie 100 g)
- 1 mažas, prinokęs bananas
- 100 ml kokoso pieno

Kryptys
a) Įkaitinkite orkaitę iki 180°C. Vištienos krūtinėlę perpjaukite per pusę ir įdarykite bananu. Sudėkite į nedidelę kepimo formą ir užpilkite kokosų pienu.
b) Kepkite 180 laipsnių temperatūroje 40 minučių arba tol, kol vištiena visiškai iškeps.
c) Leiskite atvėsti, tada supjaustykite gabalėliais ir sutrinkite rankiniu kombainu.

50. Ėriena su perlinėmis kruopomis

Porcijos: 3-4

Ingridientai
- 60 g liesos maltos avienos
- 50 g perlinių kruopų
- 1 valg. pomidorų tyrė
- ½ skiltelės česnako
- 40 g svogūnų, supjaustytų ketvirčiais
- 80 g morkų, supjaustytų gabalėliais

Kryptys
a) Keptuvėje įkaitinkite aliejų, tada suberkite pjaustytas daržoves ir patroškinkite 5 minutes prieš dėdami avienos faršą. Kepkite dar 5 minutes, kol ėriena paruduos, tada sudėkite perlines kruopas ir pomidorų tyrę. Užpilkite vandeniu, išmaišykite ir troškinkite 45 minutes, retkarčiais pamaišydami.
b) Kai iškeps, leiskite šiek tiek atvėsti, tada rankiniu kombainu sutrinkite iki reikiamos konsistencijos.

51. Abrikosų vištiena

Porcijos: 2-3

Ingridientai
- 1 nedidelė vištienos krūtinėlė, supjaustyta kubeliais (apie 70g)
- 4 džiovinti abrikosai
- 1 askaloninis česnakas
- 1/2 cinamono lazdelės

Kryptys

a) Susmulkinkite askaloninius česnakus. Maišydami pakepinkite kartu su abrikosais ir kubeliais pjaustyta vištiena šlakelyje alyvuogių aliejaus. Užpilkite vandeniu ir įdėkite cinamono lazdelę. Lengvai troškinkite 20 minučių, kol abrikosai suminkštės, o padažas pasidarys sirupinis. Išmeskite cinamoną.

b) Plakite keptuvėje rankiniu kombainu, kol gausite kramtomąją konsistenciją.

c) Patiekite su bulvių koše.

52. Pikantiškas vištienos troškinys

Porcijos: 4-6

Ingridientai
- 1 mažas svogūnas
- 1 vištienos krūtinėlė, nulupta ir supjaustyta kubeliais (apie 100 g)
- 1 desertinis šaukštas alyvuogių aliejaus
- 1 morka, nulupta ir supjaustyta kubeliais
- 1 lauro lapas
- 2 grybai, nuvalyti ir plonais griežinėliais
- 140 ml vandens
- 50 g šaldytų petites pois, atšildytų

Kryptys

a) Svogūną susmulkinkite, tada švelniai pakepinkite su vištiena, kol vištiena iškeps iš visų pusių. Supilkite daržoves, lauro lapą ir vandenį. Uždenkite ir švelniai troškinkite 1520 minučių, prieš suberdami žirnelius. Virkite dar 5 minutes, kol žirniai sušils.

b) Išimkite lauro lapą ir rankiniu kombainu sutrinkite iki jūsų kūdikiui tinkamos konsistencijos. Patiekite su bulvių tyrėmis arba makaronų gabalėliais.

53. Tuno padažas

Porcijos: 6

Ingridientai
- 30 g paprasto išauginto frais
- 100 g konservuoto tuno saulėgrąžų aliejuje
- 2 saulėje džiovinti pomidorai
- 20 g tirštumo crème fraîche
-

Kryptys

a) Tuną nusausinkite ir rankiniu kombainu sumaišykite su skrudintais bulvytais ir pjaustytais saulėje džiovintais pomidorais.

b) Įpilkite crème fraîche ir prieš patiekdami valandą palaikykite šaldytuve.

c) Patiekite su skrebučio gabaliukais arba ryžių pyragais.

54. Vištienos ir kriaušių tyrė

Porcijos: 3-4

Ingridientai
- 1 vištienos krūtinėlė be odos, supjaustyta kubeliais
- 1 kriaušė su šerdimi ir kubeliais
- 1 vidutinė saldžioji bulvė, nulupta ir supjaustyta kubeliais
- 120 g cukinijų, smulkiai pjaustytų
- 500 ml mažai druskos daržovių arba vištienos sultinio

Kryptys
a) Supilkite sultinį į didelę keptuvę ir užvirinkite. Sudėkite vištieną, sumažinkite ugnį ir troškinkite 10 minučių. Sudėkite saldžiąsias bulves ir kriaušes ir troškinkite dar 10 minučių.

b) Sudėkite cukinijas ir virkite dar 5 minutes, kol visi ingredientai iškeps ir suminkštės. Sutrinkite tyrę keptuvėje rankiniu kombainu.

55. Vištienos ir riešutmedžio moliūgų košė

Porcijos: 6-8

Ingridientai
- 200 g virtų moliūgų
- 100 g virtos vištienos
- 125 g virtų rudųjų ryžių

Kryptys
a) Sudėkite visus ingredientus į stiklinę su trupučiu vandens arba įprastu kūdikio pienu ir rankiniu kombainu sutrinkite tyrelę iki jūsų kūdikiui tinkamos tekstūros.

56. Vištiena su cukriniais kukurūzais ir kriaušėmis

Porcijos: 4-6

Ingridientai
- 100 g vištienos
- 50 g svogūnų, supjaustytų ketvirčiais ir susmulkinti
- 1 valgomasis šaukštas alyvuogių aliejaus
- 50 g saldžiųjų kukurūzų
- 1 vidutinė bulvė, nulupta ir susmulkinta
- ½ mažos kriaušės, nuluptos, išimtos šerdies ir susmulkintos
- 225 ml mažai druskos vištienos arba daržovių sultinio

Kryptys
a) Vištieną nuplaukite, tada supjaustykite. Švelniai pakepinkite svogūną, kol suminkštės, tada sudėkite vištieną ir patroškinkite 10 minučių, kol iškeps.
b) Sudėkite daržoves ir bulves, supilkite sultinį ir švelniai troškinkite 15-20 minučių. Galiausiai suplakite keptuvėje rankiniu procesoriumi.

57. Jautienos troškinys su morkų tyre

Porcijos: 8-10

Ingridientai
- 250g jautienos kepsnys, kubeliais
- 2 arbatinius šaukštelius alyvuogių aliejaus
- 1 askaloninis česnakas, susmulkintas
- 1 morka nulupta ir supjaustyta 2 colių gabalėliais
- 2 vidutinės bulvės, nuluptos ir supjaustytos kubeliais
- 250 ml vandens

Kryptys
a) Keptuvėje ant vidutinės ugnies įkaitinkite aliejų, tada suberkite jautieną ir pakepinkite 23 minutes, kol apskrus. Sudėkite daržoves, bulves ir vandenį, išmaišykite ir užvirkite. Tada sumažinkite ugnį, uždenkite ir švelniai troškinkite apie valandą arba tol, kol jautiena ir daržovės suminkštės. Keptuvėje rankiniu kombainu trinkite tyrę, kol
b) pasieksite kūdikiui reikiamą tekstūrą.
c) Jei norite skanaus šeimos troškinio, tiesiog palikite tyrės etapą ir patiekite savo šeimą su kepta bulve ar šviežios duonos gabalėliais.

58. Kepta vištiena ir daržovių troškinys

Porcijos: 6-8

Ingridientai
- 150 g smulkių gabalėlių be odos keptos vištienos krūtinėlės
- 100 g moliūgo minkštimo, kubeliais
- 100 g saldžiųjų bulvių, kubeliais
- 2 valgomieji šaukštai žirnių
- 2 valgomieji šaukštai saldžiųjų kukurūzų
- atvėsinto virinto vandens

Kryptys
a) Vištienos mėsą smulkiai supjaustykite ir atidėkite. Garinkite moliūgą, saldžiąsias bulves, žirnius ir kukurūzus. Vištieną ir daržoves sutrinkite rankiniu kombainu. Atvėsintu virintu vandeniu tyrę atskiesti iki norimos konsistencijos. Leiskite atvėsti ir patiekite.

59. Turkijos ir abrikosų mėsainiai

Gamina. apytiksliai 300g

Ingridientai
- 50 g svogūno, supjaustyto ketvirčiais ir supjaustyto priedo
- 1 arbatinis šaukštelis alyvuogių aliejaus
- 150 g maltos kalakutienos krūtinėlės
- 60 g šviežių viso miltų džiūvėsėlių
- 2 kapotų abrikosų
- 1/2 vidutinio išplakto kiaušinio
- 2 šaukštai saulėgrąžų aliejaus, kepimui

Kryptys
a) Pakepinkite svogūną alyvuogių aliejuje ant vidutinės ugnies, kol suminkštės, tada leiskite atvėsti, tada sudėkite kalakutienos faršą ir iškeptą svogūną į didelį dubenį, sudėkite likusius ingredientus ir gerai išmaišykite šakute.
b) Naudodami du desertinius šaukštus, apytiksliai suformuokite mišinio paplotėlį ir švelniai įmeskite į karštą keptuvę, šiek tiek paspausdami, kad mėsainis išsilygintų.
c) Kepkite, kol gražiai apskrus iš abiejų pusių ir palikite 23 minutes pailsėti prieš patiekiant.

60. Skanus vištienos kuskusas

Porcijos: 4

Ingridientai
- 100 g kuskuso
- 20 g sviesto
- 50 g porų supjaustyti gabalėliais ir smulkiai supjaustyti
- 50 g vištienos krūtinėlės, nulupta oda ir supjaustyta kubeliais
- 25 g morkų, nuluptų ir supjaustytų kubeliais
- 200 ml vištienos sultinio be druskos

Kryptys
a) Keptuvėje ištirpinkite sviestą, tada suberkite porus ir suminkštinkite. Tada sudėkite vištieną ir kepkite, kol iškeps.
b) Kol vištiena kepa, virkite morkas, kol suminkštės (apie 10 minučių). Supilkite verdantį vandenį ant sultinio kubelio, tada supilkite į keptuvėje esantį kuskusą ir palikite nuo ugnies 3–4 minutes. Suplakite šakute ir sudėkite vištieną bei morkas.
c) Kad konsistencija būtų lygesnė, sutrinkite rankiniu kombainu.

61. Vaikiški kotletai padaže

Padaro apytiksliai. 25-30 kotletų

Ingridientai
Mėsos kukuliai:
- 250 g liesos maltos kiaulienos
- 50 g svogūnų, supjaustytų ketvirčiais ir susmulkintų
- 60 g grybų, smulkiai pjaustytų
- 100 g džiūvėsėlių ir 2 kiaušinių tryniai
- 1 valgomasis šaukštas augalinio aliejaus

Pomidorų padažas:
- 250 g šviežių pomidorų, nuluptų, išskobtų ir susmulkintų
- 150 ml vandens arba daržovių sultinio ir pusės smulkiai supjaustyto svogūno ir 1 valgomojo šaukšto pomidorų tyrės
- 1 valgomasis šaukštas smulkiai pjaustytų šviežių žolelių, tokių kaip bazilikas, petražolės arba čiobreliai

Kryptys
a) Įkaitinkite orkaitę iki 180°C. Susmulkinkite ingredientus, sumaišykite ir padalykite mišinį į maždaug 25 rutuliukus, kurie turi būti laikomi šaldytuve, kol gaminsite padažą. Norėdami pagaminti padažą, visus ingredientus sudėkite į keptuvę ir užvirinkite, tada troškinkite apie 20 minučių ant sumažintos ugnies.
b) Leisdami atvėsti, suplakite keptuvėje rankiniu kombainu. Kepkite aliejumi pateptoje keptuvėje apie 10 min

SRIUBA

62. Vištienos sriuba

Ingridientai
- 1 puodelis susmulkintos vištienos krūtinėlės, termiškai neapdorotos
- ¼ puodelio susmulkinto svogūno
- ¼ puodelio kapotų morkų
- ½ puodelio kapotų cukinijų
- 4 puodeliai vandens

Kryptys
a) Sumaišykite ingredientus puode ir užvirinkite
b) Sumažinkite ugnį, uždenkite ir troškinkite 30 45 minutes arba tol, kol vištiena gerai iškeps, o morkos suminkštės.
c) Leiskite atvėsti
d) Nukoškite į virtuvinį kombainą arba trintuvą ir sutrinkite, pildami sultinį, kol pasieksite norimą konsistenciją

63. Daržovių jautienos sriuba

Ingridientai
- 1 puodelis kapotos jautienos
- 1 nulupta ir susmulkinta bulvė
- ½ puodelio kapotų morkų
- ¼ puodelio susmulkinto svogūno
- 5 puodeliai vandens

Kryptys
a) Sudėkite visus ingredientus į puodą ir užvirkite
b) Sumažinkite ugnį, uždenkite ir troškinkite 3045 minutes arba tol, kol jautiena gerai iškeps, o daržovės suminkštės.
c) Leiskite atvėsti
d) Sudėkite mėsą ir daržoves į virtuvinį kombainą arba trintuvą ir sutrinkite, pildami sultinį, kol pasieksite norimą konsistenciją.

64. Moliūgų sriuba

Ingridientai
- 1 puodelis moliūgų tyrės
- 2 puodeliai mažai natrio turinčio vištienos sultinio
- ¼ arbatinio šaukštelio juodųjų pipirų
- ¼ arbatinio šaukštelio imbiero
- 1 česnako skiltelė, susmulkinta

Kryptys
a) Sumaišykite ingredientus puode ir užvirinkite
b) Sumažinkite ugnį, uždenkite ir troškinkite 15 minučių, dažnai maišydami

65. Butternut moliūgų sriuba

Ingridientai
- 1 puodelis garuose virtos moliūgų mėsos
- ¼ puodelio garuose virtų morkų
- 1/2 puodelio šaldytų špinatų
- ½ puodelio šaldytų žirnelių
- 2 puodeliai mažai natrio turinčio vištienos sultinio

Kryptys
a) Puode užvirinkite visus ingredientus
b) Nedelsdami sumažinkite šilumą
c) Uždenkite ir troškinkite 1015 minučių, retkarčiais pamaišydami
d) Leiskite atvėsti
e) Supilkite puodo turinį į virtuvinį kombainą arba blenderį ir sutrinkite

66. Kiaušinių lašų sriuba

Ingridientai
- 2 puodeliai mažai natrio turinčio vištienos sultinio
- 2 kiaušinių tryniai
- kubeliais pjaustytų žiedinių kopūstų

Kryptys
a) Vištienos sultinį, žiedinius kopūstus ir prieskonius užvirinkite puode
b) Sumažinkite ugnį, uždenkite ir troškinkite 1520 minučių arba tol, kol žiediniai kopūstai suminkštės
c) Vis dar troškindami vieliniu plaktuvu įmaišykite kiaušinių trynius
d) Toliau plakite, kol kiaušinio trynys taps vientisas
e) Leiskite atvėsti
f) Sudėkite į virtuvinį kombainą ir sutrinkite

67. Šparagų sriuba

Porcijos: 4

Ingridientai
- 2 šaukštai alyvuogių aliejaus
- 1 vidutinė bulvė, nulupta ir supjaustyta kubeliais
- 500 ml daržovių sultinio be druskos
- 50 g svogūno, supjaustyto ketvirčiais ir
- 450 g šparagų

Kryptys
a) Šparagus supjaustykite gabalėliais, išmeskite visas dygliuotas dalis ir kietus stiebelių galus.
b) Tada suminkštinkite svogūnus alyvuogių aliejuje keptuvėje ant vidutinės ugnies, tada sudėkite bulves, šparagus ir sultinį.
c) Uždenkite ir troškinkite 20 minučių. Galiausiai keptuvėje rankiniu kombainu ištrinkite sriubą iki vientisos masės ir patiekite su skrebučio gabalėliais.

68. Kūdikių barščiai (burokėlių sriuba)

Porcijos: 3-4

Ingridientai
- 3 vidutiniai burokėliai, susmulkinti
- 1 vidutinė bulvė, pjaustyta
- 1 mažas svogūnas, susmulkintas
- 450 ml mažai druskos daržovių sultinio
- 50 g natūralaus jogurto

Kryptys
a) Visas daržoves nulupkite ir sudėkite į sultinio puodą.
b) Užvirkite, tada uždenkite ir troškinkite 30 minučių, kol daržovės suminkštės. Leiskite atvėsti, o tada rankiniu kombainu išmaišykite keptuvėje iki tyrės konsistencijos.
c) Įmaišykite natūralų jogurtą, tada patiekite.

69. Obuolių ir saldžiųjų bulvių sriuba

Porcijos: 4

Ingridientai
- 2 arbatinius šaukštelius sviesto
- 2 arbatinius šaukštelius miltų
- 180 ml mažai druskos vištienos sultinio
- 2 arbatiniai šaukšteliai virtų obuolių
- 200 g virtų saldžiųjų bulvių
- 50 ml pieno

Kryptys
a) Keptuvėjeištirpinkite sviestą ir įmaišykite miltus. Kaitinkite ir maišykite, kol mišinys taps aukso geltonumo. Lėtai, maišydami supilkite sultinį, tada supilkite virtus obuolius ir saldžiąsias bulves.
b) Užvirinkite, sumažinkite ugnį ir švelniai troškinkite 5 minutes.
c) Tada sutrinkite mišinį keptuvėje rankiniu kombainu, tada supilkite pieną, švelniai pašildykite ir patiekite.

70. Šakniavaisių ir avinžirnių sriuba

Porcijos: 10

Ingridientai
- 2 šaukštai aliejaus
- 2 svogūnai, susmulkinti
- 2 morkos, susmulkintos
- 2 salierų lazdelės, susmulkintos
- 250 g konservuotų avinžirnių
- 2 x 400 g skardinės pjaustytų pomidorų
- 1 valgomasis šaukštas pomidorų tyrės
- 1 arbatinis šaukštelis minkšto rudojo cukraus
- 600 ml vandens
- 1 puokštė garni
- šviežiai maltų juodųjų pipirų

Kryptys
a) Didelėje keptuvėje įkaitinkite aliejų, suberkite svogūnus ir pakepinkite, kol suminkštės. Įmaišykite daržoves ir pomidorus su jų sultimis.
b) Sudėkite likusius ingredientus, pagal skonį pagardinkite pipirais. Užvirkite, uždenkite ir troškinkite 40 minučių, kol daržovės suminkštės. Šiek tiek atvėsinkite, išimkite puokštę, tada rankiniu trintuvu sutrinkite keptuvėje.
c) Patiekite su sviestu pateptais skrebučiais arba ryžių pyragais.

71. Paprastas minestronas

Porcijos: 6

Ingridientai
- 50 g svogūno, supjaustyto ketvirčiais ir smulkiai
- 120 g morkų, supjaustytų gabalėliais
- 50 g poro, supjaustyto gabalėliais
- 2 vidutinės bulvės, nuluptos ir supjaustytos kubeliais
- 200 g pjaustytų pomidorų
- 1000 ml nesūdytų daržovių sultinio
- 2 arbatiniai šaukšteliai pomidorų tyrės
- 75 g šaldytos peties pois
- 50 g makaronų (geriausia formų)
- 2 Šaukštai tarkuoto parmezano sūrio

Kryptys
a) Pakepinkite svogūną, morkas ir porą ir pakepinkite, kol suminkštės (apie 5 minutes), tada sudėkite bulves ir virkite dar 2 minutes.
b) Sudėkite pomidorus, sultinį ir pomidorų tyrę ir užvirinkite, tada troškinkite 1520 minučių. Tada sudėkite žirnių ir makaronų formeles ir virkite dar 5 minutes. Sutrinkite tyrelę rankiniu procesoriumi.
c) Patiekite apibarstę sūriu.

PURĖ

72. Špinatų ir bulvių tyrė

Porcijos: 6

Ingridientai
- 1 valgomasis šaukštas augalinio aliejaus
- 40 g porų, supjaustytų gabalėliais ir susmulkintų
- 1 bulvė, nulupta ir supjaustyta kubeliais
- 175 ml vandens
- 60 g šviežių kūdikių špinatų, nuplauti ir nuimti kotelius

Kryptys
a) Porą pakepinkite augaliniame aliejuje, kol suminkštės. Kol porai kepa, bulvę supjaustykite gabalėliais, tada suberkite į suminkštintus porus.
b) Užpilkite vandeniu, užvirkite, uždenkite ir troškinkite 6 minutes.
c) Suberkite špinatus ir virkite 3 minutes. Leiskite mišiniui atvėsti, tada keptuvėje rankiniu kombainu ištrinkite tyrę.

73. Cukinijų ir bulvių tyrė

Porcijos: 8

Ingridientai
- ½ mažo poro, supjaustyto
- 15 g sviesto
- 250 g bulvių, nuluptų ir supjaustytų kubeliais
- 200 ml mažai druskos vištienos arba daržovių sultinio
- 1 vidutinė cukinija, susmulkinta

Kryptys

a) Porus pakepinkite svieste, kol suminkštės, tada suberkite bulvių gabalėlius ir virkite dar tris minutes. Uždenkite sultiniu, užvirinkite ir uždengę dangčiu troškinkite dar 5 minutes.

b) Tada sudėkite supjaustytas cukinijas ir troškinkite 10-15 minučių, kol visos daržovės suminkštės. Išmaišykite keptuvėje rankiniu procesoriumi.

74. Morkų ir bulvių tyrė

Porcijos: 4

Ingridientai
- 2 vidutinės bulvės, nuluptos ir supjaustytos
- 2 vidutinės morkos, nuluptos ir susmulkintos
- 1 arbatinis šaukštelis nesūdyto sviesto

Kryptys

a) Virkite morkų ir bulvių gabalėlius, kol suminkštės 15 minučių, tada nusausinkite, leiskite atvėsti ir gerai sutrinkite.

b) Įmaišykite sviestą. Sumaišykite iki tekstūruotos konsistencijos naudodami rankinį procesorius.

75. Morkų ir pastarnokų tyrė

Porcijos: 6

Ingridientai
- 200 g morkų, nuluptų ir supjaustytų kubeliais
- 200 g pastarnokų, nuluptų ir supjaustytų kubeliais

Kryptys
a) Daržoves troškinkite, kol suminkštės.
b) Sutrinkite rankiniu kombainu ir sureguliuokite tekstūrą virintu atvėsusiu vandeniu arba įprastu kūdikio pienu.

76. Kriaušių ir saldžiųjų bulvių tyrė

Porcijos: 4

Ingridientai

- 1 vidutinė saldžioji bulvė, nušveista ir perpjauta per pusę
- 1 saldi kriaušė, nulupta, pašalinta šerdis ir supjaustyta į 8 dalis

Kryptys

a) Kepkite saldžiąsias bulves iki 180 laipsnių įkaitintoje orkaitėje 40 minučių, kol suminkštės.

b) Leiskite atvėsti, nuimkite žievelę ir išmeskite. Kriaušių gabalėlius pakepinkite 5 minutes keptuvėje su trupučiu verdančio vandens.

c) Nusausinkite ir atvėsinkite. Bulvę supjaustykite gabalėliais ir rankiniu kombainu sutrinkite iki vientisos masės.

d) Išimkite ir padėkite į vieną pusę, tada pakartokite procesą su kriauše. Patiekite ištrintas bulves su kriaušių suktukais ant viršaus.

77. Greita bananų persikų tyrė

Porcijos: 4

Ingridientai
- 1 mažas prinokęs bananas
- 1 didelis, labai prinokęs persikas, nuimkite odą ir supjaustykite gabalėliais

Kryptys
a) Bananą nulupkite ir supjaustykite mažais gabalėliais. Į stiklinę sudėkite bananą ir persikus ir įpilkite nedidelį kiekį vandens arba persikų sulčių.
b) Sumaišykite su rankiniu procesoriumi iki vientisos masės.

78. Saldžiųjų bulvių ir avokadų tyrė

Porcijos: 8

Ingridientai
- 200 g saldžiųjų bulvių, supjaustytų kubeliais
- ½ prinokusio avokado
- Skiesti krūties arba pieno mišinį
-

Kryptys

a) Garinkite saldžiąsias bulves, kol suminkštės, tada leiskite atvėsti. Įdėkite avokadą į saldžiąsias bulves ir rankiniu kombainu ištrinkite iki vientisos ir kreminės masės.

b) Atskieskite iki tinkamos konsistencijos jūsų kūdikiui su trupučiu krūties arba pieno mišinio.

79. Baklažanų tyrė

Porcijos: 8

Ingridientai
- 1 nedidelis baklažanas
- 1 valgomasis šaukštas saulėgrąžų arba alyvuogių aliejaus
- 1 valgomasis šaukštas pomidorų tyrės

Kryptys
a) Baklažanus kepkite iki 180°C įkaitintoje orkaitėje 50 minučių, tada išimkite iš orkaitės, leiskite atvėsti, perpjaukite per pusę ir išskobkite minkštimą.
b) Į stiklinę sudėkite baklažanų minkštimą kartu su aliejumi ir pomidorų tyrele ir sutrinkite rankiniu kombainu iki vientisos masės.

80. Agurkų ir žolelių tyrė

Porcijos: 10

Ingridientai
- ½ agurko
- 200 g nenugriebto pieno graikiško jogurto
- žiupsnelis bet kokios jūsų pasirinktos šviežios žolelės

Kryptys
a) Agurką nulupkite ir perpjaukite per pusę, tada išskobkite sėklas ir smulkiai supjaustykite agurką.
b) Išspauskite tarkuotą agurką, kad neliktų skysčio, tada rankiniu kombainu sumaišykite su jogurtu ir žolelėmis.

81. Morkų ir obuolių tyrė

Porcijos: 10

Ingridientai
- 1 didelė morka, nulupta ir susmulkinta
- 1 bulvė, nulupta ir susmulkinta
- 1 obuolys, nuluptas, nuluptas ir supjaustytas
- mažai druskos daržovių sultinio arba vandens

Kryptys
a) Morkų, bulvių ir obuolių kubelius sudėkite į puodą ir užpilkite sultiniu arba vandeniu.
b) Užvirinkite, tada troškinkite apie 10 minučių, kol suminkštės. Nusausinkite, tada sutrinkite iki vientisos konsistencijos.

82. Morkų ir abrikosų tyrė

Porcijos: 4-6

Ingridientai
- 1 didelė morka, nulupta ir supjaustyta gabalėliais
- 4 abrikosai, nulupti (arba naudokite džiovintus abrikosus)

Kryptys
a) Morkas sudėkite į puodą su verdančiu vandeniu, sumažinkite ugnį ir troškinkite 10 minučių, kol suminkštės. Nusausinkite ir į keptuvę suberkite pjaustytus abrikosus.
b) Sutrinkite tyrę keptuvėje rankiniu kombainu.

83. Šakninių daržovių tyrė

Porcijos: 10

Ingridientai
- 1 vidutinė bulvė, nulupta ir susmulkinta
- 1 vidutinė morka, nulupta ir supjaustyta
- 1 vidutinis pastarnokas, nuluptas ir supjaustytas
- mažai druskos daržovių sultinio arba vandens

Kryptys
a) Sudėkite daržoves į keptuvę ir supilkite tiek sultinio, kad apsemtų.
b) Troškinkite, kol daržovės suminkštės (apie 15 min.). Ištrinkite tyrę rankiniu procesoriumi.

84. Kantalupos melionų ir mangų kūdikių maisto tyrė

Porcijos: 12

Ingridientai
- 1 prinokęs mangas, nuluptas, išimtas kauliukas ir supjaustytas kubeliais
- 1 gero dydžio meliono meliono griežinėlis, nuluptas ir susmulkintas
- 1/2 prinokusio banano, nulupto ir supjaustyto kubeliais

Kryptys
a) Įdėkite visus ingredientus į stiklinę ir sutrinkite rankiniu kombainu iki vientisos masės.

85. Morkų ir mangų tyrė

Porcijos: 5

Ingridientai

- 1 vidutinė morka, nulupta ir susmulkinta
- ½ mango, pašalinta oda ir susmulkinta

Kryptys

a) Suberkite pjaustytas morkas į puodą su verdančiu vandeniu, sumažinkite ugnį ir troškinkite 10 minučių, kol morkos suminkštės.

b) Nusausinkite, leiskite atvėsti, tada į keptuvę suberkite pjaustytą mangą ir rankiniu kombainu ištrinkite iki vientisos masės.

86. Švedų ir saldžiųjų bulvių tyrė

Porcijos: 10

Ingridientai
- 250 g švedų, nuluptų ir susmulkintų
- 250 g saldžiųjų bulvių, nuluptų ir susmulkintų

Kryptys

a) Sudėkite susmulkintą šaldelį ir saldžiąją bulvę ir troškinkite 1520 minučių.

b) Leiskite atvėsti, įpilkite šiek tiek vandens arba įprasto kūdikio pieno, tada sutrinkite rankiniu kombainu.

87. Saldžiųjų bulvių, špinatų ir šparaginių pupelių tyrė

Porcijos: 10

Ingridientai
- 25 g nesūdyto sviesto
- 50 g porų, gerai nuplauti ir smulkiai supjaustyti
- 200 g saldžiųjų bulvių
- 50 g šaldytų šparaginių pupelių
- 50 g šviežių arba šaldytų kūdikių špinatų (jei švieži, nuplauti)

Kryptys

a) Keptuvėje ištirpinkite sviestą ir pakepinkite porą, kol suminkštės, tada sudėkite saldžiąsias bulves. Įpilkite 250 ml vandens ir užvirinkite.

b) Tada uždenkite keptuvę dangčiu ir troškinkite 10 minučių, kol saldžiosios bulvės suminkštės. Sudėkite špinatus ir pupeles, tada nukelkite nuo ugnies ir sutrinkite rankiniu kombainu iki vientisos masės.

88. Baltos žuvies ir padažo tyrė

Porcijos: 10

Ingridientai
- 20 g nesūdyto sviesto
- 50 g smulkiai pjaustytų svogūnų
- 1 vidutinė morka, nulupta ir supjaustyta
- 240 ml verdančio vandens
- 100 g baltos žuvies, nuluptos ir su filė – pašalinkite visus kaulus!
- 120 ml pieno
- 1 lauro lapas

Kryptys

a) Pirmiausia svogūną sudėkite į puodą su 20 g sviesto ir pakepinkite, kol suminkštės. Tada sudėkite morkas, užpilkite vandeniu ir troškinkite 10–15 minučių. Tada sudėkite žuvį į keptuvę su pienu ir lauro lapu.

b) Troškinkite apie 5 minutes, kol žuvis iškeps, tada išimkite lauro lapą, susmulkinkite žuvį ir sudėkite visus ingredientus (išskyrus lauro lapą) į stiklinę ir sutrinkite rankiniu kombainu iki jūsų kūdikiui norimos konsistencijos.

89. Bananų ir avokadų tyrė

Porcijos: 6-8

Ingridientai
- 1 prinokęs bananas, nuluptas
- 1 prinokęs avokadas, be kauliukų ir nuluptas
- 1 arbatinis šaukštelis nenugriebto pieno jogurto arba crème fraiche

Kryptys
a) Grubiai sutrinkite bananą ir avokadą dubenyje, tada įpilkite šaukštą jogurto arba crème fraiche ir rankiniu trintuvu sutrinkite iki vientisos konsistencijos.

b) Jaunesniems kūdikiams crème fraiche galite pakeisti motinos pienu arba mišiniu, kad praskiestumėte.

90. Mangų ir mėlynių tyrė

Porcijos: 4

Ingridientai
- 30 g mėlynių
- ½ mažo prinokusio mango

Kryptys
a) Mangą nulupkite ir susmulkinkite minkštimą.
b) Sudėkite į stiklinę kartu su mėlynėmis ir rankiniu trintuvu sutrinkite iki vientisos konsistencijos.

91. Saldžiųjų bulvių ir melionų košė

Porcijos: 10

Ingridientai
- 200 g virtų saldžiųjų bulvių, supjaustytų kubeliais
- 200 g meliono meliono, supjaustyto kubeliais
- 50 g natūralaus jogurto

Kryptys
a) Į stiklinę sudėkite melioną ir virtas saldžiąsias bulves ir sutrinkite rankiniu kombainu iki vientisos masės.
b) Įpilkite jogurto ir plakite dar 10–20 sekundžių. Atšaldykite, tada patiekite šaltai.

92. Kreminė sviesto moliūgų tyrė

Porcijos: 2-3

Ingridientai
- 200 g moliūgų, susmulkintų
- 1 valgomasis šaukštas riebaus paprasto jogurto

Kryptys
a) Susmulkintą moliūgą troškinkite 15 minučių, tada leiskite atvėsti, sudėkite visus ingredientus į stiklinę ir sutrinkite rankiniu kombainu iki tyrės konsistencijos.

93. Žiedinių kopūstų ir saldžiųjų bulvių tyrė

Porcijos: 4

Ingridientai
- 1 nedidelė saldžioji bulvė, nulupta ir susmulkinta
- 3 arba 4 dideli žiedinių kopūstų žiedynai, susmulkinti
- motinos pieną arba mišinį praskiesti

Kryptys
a) Bulves ir žiedinius kopūstus virkite garuose, kol suminkštės (10-15 minučių), tada sudėkite į stiklinę, suberkite sūrį ir rankiniu kombainu ištrinkite iki vientisos masės.
b) Praskieskite nedideliu kiekiu motinos pieno arba mišinio iki tinkamos konsistencijos jūsų kūdikiui.

94. Likusios kalakutienos ir bulvių tyrės

Porcijos: 4

Ingridientai
- 100 g likusios kalakutienos, virta ir smulkiai supjaustyta
- 200 g likusių virtų bulvių
- vanduo perdirbimui

Kryptys
a) Į stiklinę sudėkite po pusę kalakutienos ir bulvių ir įpilkite vandens, kiek reikia apdorojimui.
b) Apdorokite rankiniu kombainu, kol gausite smulkią tyrę.
c) Pakartokite šį procesą likusiai kalakutienos ir bulvių daliai.

95. Menkės ir ryžių tyrė

Porcijos: 3-4

Ingridientai
- 50 g ryžių
- 100 ml vandens
- 40 g menkės filė, nulupta ir be kaulų
- kelių šakelių petražolių

Kryptys
a) Į keptuvę sudėkite ryžius ir vandenį, vieną kartą pamaišykite ir troškinkite 10 minučių.
b) Įdėkite žuvį ir virkite dar 10 minučių, jei reikia, įpilkite vandens. Galiausiai suberkite petražoles ir virkite 2 minutes.
c) Išmaišykite keptuvėje rankiniu procesoriumi.

96. Raudonųjų lęšių tyrelė

Porcijos: 3-4

Ingridientai
- 125 g raudonųjų lęšių
- 25 g svogūnų, susmulkintų
- 1 valgomasis šaukštas aliejaus
- 25 g morkų, smulkiai pjaustytų
- 500 ml vandens

Kryptys

a) Lęšius kruopščiai nuplaukite ir nusausinkite. Mirkykite per naktį (jei instrukcijose ant pakelio nurodyta, kad tai būtina). Svogūną pakepinkite aliejuje 4–6 minutes, kol suminkštės. Sudėkite morkas ir toliau kepkite dar 4–5 minutes.
b) Įpilkite nusausintus lęšius ir vandenį. Užvirinkite, tada troškinkite 45 minutes arba tol, kol lęšiai suminkštės. Nusausinkite mišinį ir rankiniu kombainu ištrinkite
c) keptuvėje.
d) Šis patiekalas gali tapti aštriu dhal prie kario. Norėdami tai padaryti, išvirtą lęšių mišinį padalinkite per pusę, vieną dalį palikite kaip tyrę savo kūdikiui, o kitą įdėkite į keptuvę su troškintais kario milteliais ar pasta, išmaišykite ir patiekite.

97. Žalieji žirneliai su mėtų tyrele

Porcijos: 3-4

Ingridientai
- 200 g šviežių arba šaldytų žirnelių
- 150 ml vandens
- Sauja šviežių mėtų

Kryptys
a) Į puodą supilkite žirnelius į vandenį. Užvirinkite ir užvirkite.
b) Įpilkite nedidelį kiekį šviežių mėtų ir, kai išvirs, patikrinkite, ar jie minkšti, ir sutrinkite iki norimos konsistencijos rankiniu kombainu, prireikus įpildami riebaus karvės pieno.

98. Saldžiųjų ir baltųjų bulvių košė

Porcijos: 6

Ingridientai

- 200 g bulvių, nuluptų ir supjaustytų kubeliais
- 200 g saldžiųjų bulvių, nuluptų ir supjaustytų kubeliais
- 25 g sviesto
- 50 ml pieno (karvės pieno, motinos pieno arba pieno mišinio, priklausomai nuo maitinimosi stadijos)
- 30 g tarkuoto sūrio

Kryptys

a) Bulves ir saldžiąsias bulves sudėkite į puodą su verdančiu vandeniu, sumažinkite ugnį ir troškinkite 1520 minučių, kol suminkštės.
b) Nusausinkite, supilkite sviestą, pieną ir sūrį ir rankiniu kombainu ištrinkite iki tirštos konsistencijos.

99. Skvošo ir kriaušių košė

Porcijos: 6

Ingridientai
- 200 g virtų moliūgų
- 100 g džiovintų abrikosų (30 minučių pamirkytų vandenyje)
- 75 g razinų (mirkytų obuolių sultyse 30 min.)
- 1 labai prinokusi kriaušė, nulupta, nulupta ir susmulkinta

Kryptys
a) Visus ingredientus sutrinkite rankiniu kombainu iki tekstūruotos konsistencijos.

100. „Popeye" tyrė

Porcijos: 6-8

Ingridientai
- 125 g saldžiųjų bulvių, nuluptų ir smulkiai supjaustytų
- 125 g minkštų morkų, supjaustytų
- 125 g šparaginių pupelių, nuimti galiukai
- 125 g špinatų
- 125 g šaldytų žirnelių

Kryptys
a) Įdėkite saldžiąsias bulves ir morkas į garų puodą ir virkite 8 minutes. Sudėkite likusius ingredientus ir kaitinkite dar 6 minutes.
b) Išimkite iš garintuvo, tada rankiniu kombainu sutrinkite iki rupios konsistencijos. Patiekite atvėsintą.

IŠVADA

Kai kūdikiai sensta, jiems reikia kieto maisto, kad gautų pakankamai maistinių medžiagų augimui ir vystymuisi. Šios būtinos maistinės medžiagos yra geležis, cinkas ir kt.

Pirmuosius 6 gyvenimo mėnesius kūdikiai naudoja geležį, kuri buvo laikoma jų kūne nuo tada, kai jie buvo įsčiose. Jie taip pat gauna šiek tiek geležies iš motinos pieno ir (arba) mišinio kūdikiams. Tačiau kūdikių geležies atsargos mažėja jiems augant. Maždaug nuo 6 mėnesių kūdikiai turi pradėti valgyti kietą maistą.

Kietųjų medžiagų įvedimas taip pat yra svarbus siekiant padėti kūdikiams išmokti valgyti, suteikiant jiems naujų skonių ir tekstūrų iš įvairių maisto produktų. Tai lavina jų dantis ir žandikaulius bei ugdo kitus įgūdžius, kurių vėliau prireiks kalbos raidai.

www.ingramcontent.com/pod-product-compliance
Lightning Source LLC
Chambersburg PA
CBHW071611080526
44588CB00010B/1096